Marie entdeckt den Kaiserdom

Petra Burkhart

Marie
entdeckt
den
Kaiserdom

Illustriert von Bernd Hegeler

ISENSEE VERLAG
OLDENBURG

Herausgegeben von Hans Gerd Hegeler-Burkhart

Illustration: Bernd Hegeler

Die Deutsche Bibliothek - CIP-Einheitsaufnahme

Marie entdeckt den Kaiserdom / Petra Burkhart. Ill. von Bernd Hegeler. -
Oldenburg : Isensee, 2001
    ISBN 3-89598-756-5

Gedruckt bei Isensee in Oldenburg

Inhalt

1. Kapitel

Marie kommt in Speyer an

Hallo! Ich bin Marie. Gestern bin ich mit einem Schiff nach Speyer gekommen, zusammen mit meinen Eltern. Wir sind schon weit gereist und kennen viele Sehenswürdigkeiten. Aber als wir uns auf dem Rhein der Stadt Speyer näherten und ich zum ersten Mal den Dom sah, war ich überwältigt. „Cool", rief ich, nahm die Kopfhörer meines Walkmans ab und schob die Sonnenbrille von der Nase. Wie der Dom da steht: Gigantisch, mit seinen Türmen, die hoch hinauf in den Himmel ragen.

„Mama, Papa", rief ich, „den Dom müssen wir uns sofort genauer ansehen." Ich konnte es kaum erwarten, bis wir angelegt hatten und der Steg zur Landungsbrücke ausgefahren war. Papa, der neben mir stand, beugte sich herunter und wuschelte mir in den Haaren herum. Das kann ich gar nicht leiden und auch das nicht, was er jetzt sagte: „Marie, zuallererst suchen wir unser Hotel und dann sehen wir weiter." Missmutig trottete ich hinter meinen Eltern her. „Können wir nicht doch zuerst....?", versuchte ich es noch einmal. „Nein, Marie", wimmelte mich Papa ab. Als wir unsere Zimmer im Hotel bezogen hatten, mussten meine Eltern sich von der Reise erholen. Genau das hatte ich befürchtet. Zum Glück erlaubten sie mir, zum Spielen in die Hotelhalle zu gehen.

„In einer Stunde bist du wieder hier", schärfte Mama mir ein.

„Ja, ja", murmelte ich und flitzte los.

Natürlich lief ich zum Dom. Ich nahm den Weg durch den Dompark. Kurz vor dem Dom stieß ich auf eine Gruppe von steinernen Figuren. Eine von ihnen blickte mir geradewegs in die Augen. Ich trat näher. Täuschte ich mich oder zwinkerte mir dieser Steinriese zu? Ich sprach ihn einfach an.

„Wer bist du denn?", fragte ich.

„Ich bin Kaiser Konrad II.", antwortete er.

Ich hatte nicht wirklich damit gerechnet, auf meine Frage eine Antwort zu bekommen. Ich war völlig baff.

Seine Majestät, Kaiser Konrad II., drehte sich um und zeigte huldvoll über seine Schulter hinweg zum Dom. Dabei sagte er: „Mit mir hat das alles hier begonnen. Ich habe den Auftrag für den Bau des Domes gegeben. Vor fast tausend Jahren."

Ich starrte an dem Denkmal hoch. Noch immer konnte ich nicht glauben, dass es tatsächlich sprach.

Der Kaiser räusperte sich. „Mein Dom sollte die größte Kirche der Welt werden. Das war ich meinem Ansehen schuldig, besonders aber Gott. Ich bin sicher: Er allein hat mich zum Kaiser auserwählt und mir all meine Macht verliehen. Ich herrschte über ein großes Reich", fuhr der Kaiser fort. „Es erstreckte sich von der Nordsee bis weit nach Italien hinein. Im Osten reichte es nach Böhmen und im Westen nach Lothringen."

„Und ausgerechnet in Speyer hast du den Dom gebaut?", warf ich erstaunt ein.

„Wo denn sonst?" Der Kaiser zog die Augenbrauen hoch. „Ich stamme von hier. Meine Familie, die Salier, hatte ihren Stammsitz ganz in der Nähe. Es war die Limburg bei Bad Dürkheim. Außerdem hatte es zuvor schon in Speyer einen kleineren Dom gegeben."

So ist das also, ein Kaiser hatte den Dom errichtet! Das passte genau zu dem majestätischen Eindruck, den er schon vom Schiff aus auf mich gemacht hatte.

„Weißt du eigentlich, wie berühmt mein Dom geworden ist?", fragte mich Kaiser Konrad. „Heute ist er sogar ein Weltkulturdenkmal. Die Vereinten Nationen haben ihn unter ihren Schutz gestellt."

Ich horchte auf und der Kaiser lächelte stolz. Dann richtete er seinen Blick in die Ferne. Er schien tief in Gedanken versunken. Stumm stand er da. Ich tastete vorsichtig über den kalten Stein. Der Kaiser rührte sich nicht.

„Hatte ich geträumt?" Ich rieb mir die Augen und atmete tief durch. Dann sah ich auf meine Uhr. Meine Eltern warteten sicher schon auf mich. Weil ich nur noch wenige Meter vom Dom entfernt war, wollte ich wenigstens hineinspitzeln. Beim Weitergehen merkte ich, dass meine Knie zitterten.

Der Dom wirkt aus der Nähe noch großartiger. Er ist ein wuchtiger Steinbau. Seine Türme haben sehr steile Dächer. Ihre Mauern sind von vielen Öffnungen durchbrochen. Und alle haben oben runde Bögen, genauso wie die Fenster des Doms.

Endlich hatte ich den Haupteingang erreicht mit seinen drei großen runden Torbögen. Leider waren die Gitter davor bereits geschlossen. Pech gehabt! Aber wenn ich keinen Ärger kriegen wollte, musste ich sowieso in unser Hotel zurück. Ich machte mich schleunigst auf den Weg.

Beim Abendessen brachte ich kein Wort über die Lippen. Ich war innerlich beschäftigt mit meinem Erlebnis im Dompark. „So schweigsam, Marie?", fragte mich Papa. Ich erzählte meinen Eltern kein Sterbenswörtchen über mein Gespräch mit Kaiser Konrad. Sie würden mir ja doch nicht glauben und Mama würde mich bestimmt anschauen, als ob ich Fieber hätte. Meine Eltern sind ganz o.k., aber sie haben in vielen Dingen einfach zu wenig Phantasie.

Ich zog mich bald auf mein Zimmer zurück, legte mich aufs Bett und dachte nach über Konrad II. und seinen Dom. Was ich am Dom entdeckt hatte, kam mir irgendwie bekannt vor. Bei Reisen mit meinen Eltern hatte ich ähnliche Kirchen schon gesehen.

Plötzlich machte es Klick in meinem Kopf. Ich sprang auf. Aus meiner Reisetasche kramte ich mein kleines Kunstlexikon hervor. Hastig begann ich darin zu blättern. Da fand ich auch schon ein passendes Bild und daneben las ich das Stichwort. „Romanik, Kunst im Mittelalter". In dem Lexikon stand schrecklich viel. Ich überflog den Text: „Die Romanik brachte bedeutende Bauwerke hervor." Dann kam ich zu der entscheidenden Stelle. „Mit Vorliebe verwendeten die romanischen Baumeister den Rundbogen." Das war es! Nun wußte ich Bescheid. Dieser Dom ist ein romanischer Bau!

Ich packte mein Lexikon weg und kuschelte mich unter die Bettdecke. Wenig später war ich eingeschlafen.

2. Kapitel

Die salischen Kaiser

Am nächsten Morgen war ich total unausgeschlafen. Ich trödelte lange herum und kam deshalb viel zu spät in den Frühstücksraum. Nur Mama saß noch an unserem Tisch. Sie war in ein Buch vertieft und trank Kaffee. Wenn Mama liest, will sie nicht gestört werden. Ich goss mir also zunächst mal ein Glas Orangensaft ein. Schließlich konnte ich meine Neugier nicht länger zügeln und platzte heraus: „Mama, erzähl` mir was über die Salier!"

„Hm", brummelte sie ungnädig und hob nicht mal den Kopf.

„Mama!", forderte ich ungeduldig.

Endlich klappte sie ihr Buch zu. „Die salischen Kaiser herrschten im Mittelalter über das Abendland. Das waren weite Teile Westeuropas. Sie regierten etwa hundert Jahre, nämlich von 1024 bis 1125. Der erste salische Kaiser hieß Konrad II., der letzte, sein Urenkel, war Heinrich V."

Dann schaute Mama mich überrascht an. „Wie kommst du denn auf diese Frage, Marie? Hast du schon gehört, dass die salischen Kaiser den Dom erbaut haben?"

„Och...", stotterte ich und dachte an mein Gespräch mit Kaiser Konrad.

Zum Glück wartete Mama nicht weiter auf meine Antwort, sondern legte gleich wieder los. Wenn sie mir etwas erklärt, ist sie nicht zu bremsen. „Mit dem Bau des Doms hat man vermutlich im Jahr 1025 angefangen. Ganz genau kennt man den Zeitpunkt des Baubeginns nicht. Eine Legende berichtet, dass Kaiser Konrad II. im Jahr 1030 den Grundstein zum Dom gelegt hat. Als er starb, war der Dom noch lange nicht fertig. Sein Sohn Heinrich III. baute daran weiter. Aber auch er lebte nicht so lange, wie es dauerte den Dom zu vollenden."

„Mama, woher weißt du denn das alles?" Sie lächelte verschmitzt und zeigte mir den Einband des Buches, das vor ihr lag. Es war ein Stadtführer.

Dann fuhr sie fort. „Nachdem man länger als dreißig Jahre am Dom gebaut hatte, war der große Tag gekommen: Der Dom wurde geweiht. Das war im Jahr 1061 unter Kaiser Heinrich IV. Er war damals noch ein Kind, gerade elf Jahre alt."

„Wie interessant!", warf ich ein. „Der war ja ungefähr so alt wie ich. Auch ich könnte also auf einem Thron sitzen: Kaiserin Marie."

„Das hättest du wohl gern!", lachte Mama. Dann setzte sie wieder eine ernste Miene auf: „Als der Dom 20 Jahre geweiht war, passierte etwas Merkwürdiges. Der Kaiser ließ ihn zum größten Teil wieder abreißen."

„Warum das denn?", rief ich schockiert.

„Das ist eine gute Frage", sagte Mama. „Man hat lange darüber gerätselt." Weil sie meinen entsetzten Blick sah, fügte sie beruhigend hinzu. „Er hat ihn ja auch wieder aufgebaut. Noch viel schöner als zuvor.

Vermutlich hängt der Umbau des Doms zusammen
mit dem Gang Heinrichs IV. nach Canossa."
"Der Gang nach Canossa?", grübelte ich.

"Irgendwo hab` ich das schon gehört."
"Das kann gut sein", meinte Mama. "Denn mit dem
Gang nach Canossa sind ganz wichtige politische

Ereignisse im Mittelalter verbunden. Du musst wissen, Konrad II., der erste salische Kaiser, besaß Macht über sein Reich und in der Kirche. Als sein Enkel Heinrich IV. regierte, änderte sich das. Der Papst verbot dem Kaiser, sich in Kirchenangelegenheiten einzumischen. Das wollte der Kaiser sich nicht gefallen lassen. Und so kam es zwischen ihm und dem Papst zu einem erbitterten Machtkampf. Am Ende verlor der Kaiser . Er machte sie auf nach Canossa in Italien um sich dem Papst zu unterwerfen."

„Kannst du dir vorstellen, Marie", fragte Mama, „wie der Kaiser sich fühlte? Er war zutiefst in seinem Stolz verletzt! Jetzt wollte er allen zeigen, dass er immer noch ein großer Herrscher war. Und das tat er auch, sichtbar für alle: Er ließ seinen Dom prachtvoll umbauen."

Mamas Geschichte leuchtete mir ein. Ich konnte mich gut in den Kaiser hineinversetzen. Aber trotzdem knurrte mir mittlerweile der Magen. Ich holte mir am Frühstücksbuffet eine knusprige Brezel, schmierte dick Butter darauf und biss hinein. Das schmeckte! Mit vollen Backen kauend meinte ich: „Das ist ja 'n Ding, wie sehr alle diese Kaiser am Dom hingen."

„Ja", erwiderte Mama. „Sie maßen dem Dom eine besondere Bedeutung zu. Der Bau des Domes sollte zum Ausdruck bringen, dass sie ihre Kaiserwürde direkt von Gott erhalten haben, dass sie Kaiser von Gottes Gnaden sind. Alle salischen Kaiser haben sich übrigens auch im Dom beerdigen lassen. Und nach ihnen viele weitere Herrscher. Weil aber Kaiser diesen Dom erbaut haben, und auch alle darin begraben sind ...", fuhr Mama fort und ich fiel ihr ins Wort: „... nennt man ihn Kaiserdom!"

„Richtig", freute sich Mama und wollte von mir wissen: „Marie, hast du Lust, noch mehr zu hören?"

Ich stimmte nicht gleich zu, denn ich musste nachdenken, über das, was Mama mir erzählt hatte . Mama war aber so richtig in Fahrt und riss mich schließlich durch ihre Begeisterung mit.

„Die Kaiser haben dem Dom ganz tolle Geschenke gemacht. Eines ist weltberühmt." Mama schnalzte mit der Zunge. „Es ist eine Handschrift. In goldener und purpurroter Tinte ließ Kaiser Heinrich III. darin das Evangelium, die Geschichte von Jesus, aufschreiben."

„Diese Schrift sehen wir uns an", bestimmte ich sofort.

Mama hob bedauernd die Schultern: „Die goldene Evangelienschrift ist nicht mehr in Speyer, sondern liegt heute in Madrid."

Ich war enttäuscht, aber Mamas nächste Worte ließen mich aufhorchen.

„Du, Marie, es gibt noch etwas Interessantes über den Dom zu berichten. Etwas, das mit dir zu tun hat."

„Mit mir?" Ich staunte.

„Die Gottesmutter Maria ist die Schutzheilige des Doms", klärte Mama mich auf und lächelte: „Ja, ja, deine Namenspatronin."

„Jetzt habt ihr aber genug palavert!" Papas laute Stimme schreckte uns auf. Er stand mitten im Frühstücksraum. Fotoapparat und Videokamera baumelten vor seinem Bauch.

„Supertourist", spöttelte ich, während ich an ihm vorbei auf mein Zimmer lief, um mich fertig zu machen für die Dombesichtigung.

3. Kapitel

Marie verschafft sich einen Überblick

Mama und Papa warteten schon vor dem Hotel auf mich. „Marie, wie sehen denn deine Haare wieder aus!", nörgelte Mama und pustete mir eine Strähne aus dem Gesicht. Das nervte mich.

„Können wir endlich los?", drängelte ich.

„Schon gut", entschuldigte sich Mama. Wir gingen über die Maximilianstraße, die direkt zum Dom hinführt. Mama fand die Stadt entzückend. Besonders die Schaufenster der Geschäfte interessierten sie. Gemütlich schlenderten meine Eltern dahin. Schließlich wurde es mir zu bunt. „Ich geh` schon mal voraus", rief ich, „wir treffen uns am Dom." Meine verdutzten Eltern ließ ich einfach stehen. In wenigen Minuten hatte ich den Haupteingang erreicht. Ich sprang die Stufen hinauf, durchquerte die Vorhalle und lief auf die große Tür in der Mitte zu. Sie ist zusammengesetzt aus Bildern wie ein Puzzle. Ich schaute sie mir genauer an. Da ist ja Noah mit seiner Arche! Und da steht der hohe Turm von Babel! Der Mann in dem kleinen Boot auf stürmischer See, natürlich, das ist Jesus. Alle Bilder zeigen Geschichten aus der Bibel.

Als ich genug gesehen hatte, wollte ich die Tür öffnen. Sie ist sehr schwer. Ich versuchte gerade sie mit all meiner Kraft aufzustemmen, als mir jemand von hinten auf die Schulter tippte. Erschrocken fuhr ich herum. Papa grinste mich an. Ich war nicht zu Scherzen aufgelegt und blickte grimmig

zurück. „Komm, Marie, ich helfe dir", bot Papa mir an. „Diese Tür ist ganz aus Bronze."

Drinnen wollte ich schnurstracks weiter marschieren, aber Papa hielt mich zurück. „Nicht so schnell Marie, guck doch mal, durch was für ein tolles Portal wir gegangen sind." Papa trat zur Seite und deutete auf die Wand neben der Tür. „ Da sind ja lauter Stufen", stellte ich fest. „Genau", sagte

Papa. „Es ist ein Stufenportal." Er erklärte mir, dass wir soeben eine sechs Meter dicke Mauer durchschritten hatten.

„Da sind wir ja durch einen kleinen Tunnel gekommen", staunte ich. „Und das hab` ich überhaupt nicht gemerkt. Es war gar nicht dunkel."

„Ja", freute sich Papa. „Das liegt daran, dass die Baumeister des Doms diesen Trick angewendet haben und das Portal in die Wand hinein stuften. Ganz schön clever, was?"

Dann senkte Papa seine Stimme: „Das hier ist das früheste Stufenportal der Romanik und auch das schönste." Ich blickte zu Mama. Wir kicherten. Papa konnte so feierlich sein! „Weiber", knurrte Papa und drehte sich um.

„Wow, ist der Dom groß!", schoss es mir durch den Kopf, als wir uns dem Innenraum zuwendeten. Ich stellte mich genau in die Mitte. Vor mir lag eine sehr lange Halle. Links und rechts Pfeiler, hinten eine Treppe, mitten in der Treppe ein Altar, dann noch eine Treppe und noch ein Altar ...

Mama legte mir den Arm um die Schulter. „Es ist schwierig, sich einen Überblick zu verschaffen, nicht wahr?" fragte sie. Ich nickte.

„Wir sind hier im Längsschiff des Doms", sagte Mama. Ich blickte sie verwirrt an. „Das ist ein Fachausdruck. Du darfst dir darunter weder einen Dampfer noch ein Segelboot vorstellen", lachte sie. „Das Längsschiff selbst ist nochmals in drei Schiffe aufgeteilt", fuhr Mama fort.

„Wir beide stehen genau vor dem Mittelschiff. Schau, wie breit und wie hoch es ist." Ich legte meinen Kopf in den Nacken. Wirklich, es war überwältigend. Mama fuhr fort: „Neben dem Mittelschiff liegen zwei Seitenschiffe. Sie sind niedriger und schmaler und durch Pfeiler abgetrennt. Eine Kirche, die so aussieht, heißt Basilika."

„Der Dom ist also eine Basilika", wiederholte ich. Mama schlug vor: „Weißt du was, Marie, wir machen uns einen Plan."

Mama malt sehr gern. Sie holte ihren Block aus der Tasche. Ihr Stift flog über das Blatt. Sie skizzierte ein Rechteck und teilte es in drei Streifen. Dann erläuterte sie: „Manchmal wurde die einfache Basilika von den Kirchenbauern weiter ausgestaltet. Das ganze Gebäude sollte die Form des Kreuzes von Jesus bekommen. Darum fügte man dem Längsschiff ein Querschiff hinzu." Mama zeichnete weiter und ich erkannte das Kreuz.

Die Überschneidung von Längsschiff und Querschiff schraffierte Mama mit einigen Strichen. „Das nennt man die Vierung."

Ich verdrehte die Augen und seufzte: „Wie kompliziert."

Mama war noch nicht fertig. „Hinter der Vierung schließt sich noch ein Raum an, der Chor. Er war früher für die Priester bestimmt, die dort miteinander beteten. Dann folgt ein halbrunder Anbau, die Apsis.

Ich wiederholte das Wort: „Apsis." Das zischte so richtig durch die Zähne.

Mama umrandete mit dicken Strichen ihre Zeichnung.

„Es fehlen noch die Vorhalle und die Türme", beschwerte ich mich. Mama malte auch das noch dazu. Dann riss sie das Blatt aus ihrem Block und drückte es mir in die Hand mit den Worten: „Das hier, Marie, ist der Grundriss dieses Domes. Natürlich grob vereinfacht", fügte sie hinzu.

15

4. Kapitel

Ein Pfeiler berichtet

Während Mama mir den Plan zeichnete, hatte Papa alte Grabplatten entdeckt. Wir sollten sie uns unbedingt anschauen. Mama ließ sich dazu überreden. Mich aber interessierten die Pfeiler viel mehr. Ich versuchte einen von ihnen mit beiden Armen zu umfassen.

„Oh, bist du aber kräftig!", murmelte ich.

Ein dröhnendes Lachen ertönte: „Ja, nicht wahr, auf uns Pfeilern lastet schließlich auch das gewaltige Steingewölbe des Mittelschiffs."

Ich zuckte zurück. Was war das für ein merkwürdiger Ort, an dem Steine reden konnten! Verwundert betrachtete ich den Pfeiler. Doch der gab mir keine Zeit um lange nachzudenken. Mit seiner tiefen Stimme fuhr er fort: „Dieses Gewölbe ist ganz außerordentlich! Es hat eine Spannweite von 14 Metern und liegt in 30 Metern Höhe. Nie zuvor war etwas Derartiges gebaut worden."

„Super!", staunte ich.

„Ja, nicht wahr", erwiderte der Pfeiler, „dass man dieses Gewölbe in den Dom einzog, war mutig. Sehr mutig sogar, vor allem, wenn man bedenkt, dass der Bau dafür gar nicht konstruiert war. Ursprünglich hatte das Mittelschiff des Domes nämlich eine flache Holzdecke."

„Nein, wirklich?", fragte ich. „Das kann ich mir gar nicht vorstellen. So ein schönes Steingewölbe passt doch viel besser zu dieser riesengroßen Kirche, die ganz aus Stein gemauert ist."

„Ja, nicht wahr", bestätigte der Pfeiler, „das war auch der Grund, weshalb man es nachträglich einbaute. Außerdem war die damalige Holzbauweise nicht ungefährlich. Im Mittelalter gab es ja noch kein elektrisches Licht. Der Dom wurde damals mit Fackeln und Kerzen beleuchtet. Da konnte leicht mal ein Brand ausbrechen. Und Brände, ja, nicht wahr, die waren im Mittelalter sehr gefürchtet. Wenn die erst einmal um sich griffen, konnte das für alle umliegenden Häuser, ja, für eine ganze Stadt verheerende Folgen haben. „

„Trotzdem", unterbrach ich ihn und träumte laut vor mich hin: „Waren Kerzen- und Fackelschein nicht viel romantischer?"

Ich lehnte mich an den Pfeiler und bat ihn: „Erzähl` weiter." Ich ahnte bereits, wie seine nächsten drei Worte lauten würden. Und tatsächlich: „Ja, nicht wahr", nahm mein Pfeiler den Faden wieder auf, „der Bau musste also für das neue, schwere Gewölbe nachgebessert werden. Seine Last ruht auf jedem zweiten Pfeiler. Man festigte ihr Fundament und verstärkte sie. Dann setzte man noch einen kleineren Pfeiler und eine Dreiviertelsäule davor."

„Das ist nicht zu übersehen", sagte ich.

Der Pfeiler berichtete weiter: „Die Seitenschiffe des Doms waren übrigens von Anfang an eingewölbt. Und zwar mit den damals sehr modernen Kreuzgratgewölben. Die baute man auch über das Mittelschiff. Und dabei machte man eine tolle Erfindung."

„Ich liebe Erfindungen", rief ich voller Begeisterung dazwischen.

„Ja, nicht wahr, dann hör mir jetzt gut zu", ermahnte mich der Pfeiler. „Also", begann er, „man entdeckte, wie man die Joche im Mittelschiff und in den Seitenschiffen geschickt anordnen kann."

„Ein Joch, was ist das denn?", hakte ich sofort nach.

„Ach, immer diese Fachausdrücke", jammerte der Pfeiler. „Siehst du oben an der Decke die steinernen Bögen?", fragte er mich. „Dazwischen wölbt sich die Decke. Das ist ein Joch."

Ich richtete meinen Blick nach oben. „Ja, ich kann die Bögen und die Joche deutlich erkennen", freute ich mich.

„Dann bemerkst du sicher auch, dass jeweils zwei kleinen Jochen im Seitenschiff ein großes Joch im Mittelschiff zugeteilt ist", sagte mein Pfeiler und hob hervor: „Das war die Erfindung. Ja, nicht wahr", brummelte er, „warum erzähle ich dir das eigentlich? Dieses Schema setzte sich so richtig durch und blieb lange Zeit sehr beliebt. Du wirst ihm immer wieder begegnen, wenn du Kirchen besuchst. Dann sollst du dich an mich erinnern!"

Mein Pfeiler murmelte noch etwas vor sich hin, das ich aber nicht verstehen konnte. Ich strich über seine rauhe Oberfläche. „Ja, nicht wahr", sagte ich leise vor mich hin.

Plötzlich tauchte Mama neben mir auf. „Marie, führst du Selbstgespräche?", fragte sie mich. Ich bekam einen knallroten Kopf. Mama nahm mich bei der Hand und zusammen liefen wir durch den Gang des Mittelschiffs.

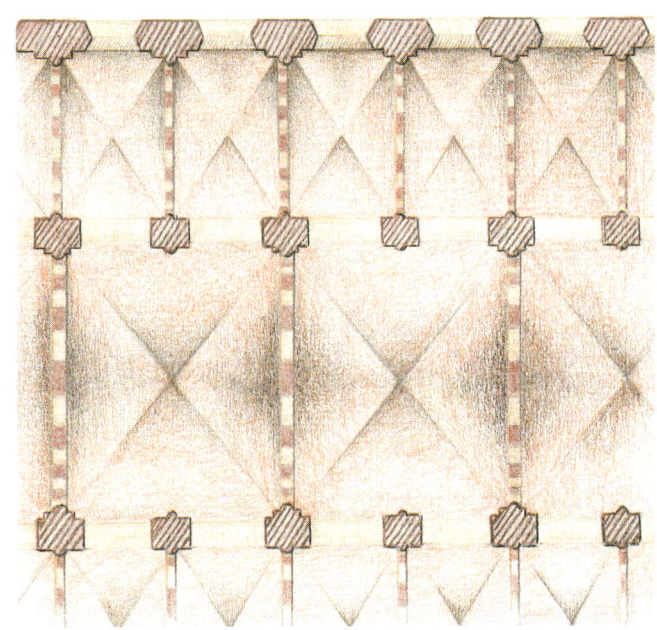

5. Kapitel

Marie spaziert unter den Arkaden

Nach einigen Metern konnte ich der Verlockung nicht widerstehen: Ich schwenkte hinüber zu den Pfeilern und lief eine Schlangenlinie zwischen ihnen hindurch.

„Oho, Fräulein Marie spaziert unter den Arkaden des Kaiserdoms", neckte mich Mama. Als ich mich fragend zu ihr hindrehte, erläuterte sie: „Eine Arkade ist ein Bogen, der auf zwei Stützen aufliegt. Und hier hast du eine lange Reihe davon."

Während ich Mama zuhörte und gleichzeitig meine Schlangenlinie verfolgte, wäre ich beinahe im Seitenschiff mit Papa zusammengeprallt. Er hatte seine Nase tief in den Stadtführer vergraben. Als er mich sah, hielt er mir gleich einen Vortrag: „Die Seitenschiffe sind 70 Meter lang, 7 Meter 70 breit und fast 15 Meter hoch. Sie sind so groß wie sonst eine ganze Kirche."

Begeistert zeigte Papa zur Außenwand des Seitenschiffs: „Schau mal, Marie, wie interessant diese Wand gestaltet ist. Vom Boden aus steigen Pfeiler an ihr empor und verbinden sich hoch oben mit Bögen."

„Das sind Arkaden", konnte ich mit meinem neuen Wissen glänzen, beschwerte mich aber gleich: „Man kann gar nicht durch sie hindurchgehen."

„Nein", musste Papa zugeben, „die Pfeiler und Bögen sind auf die Wand aufgesetzt. Sie sind der Wand vorgeblendet. Das war eine neue, bahnbrechende Idee der Kirchenbauer."

Ich wandte mich der Mittelschiffwand zu. Mir war schon längst aufgefallen, wie herrlich sie gegliedert ist mit Pfeilern, Bögen und Fenstern. Sie hat drei Stockwerke: Unten sind die Arkaden, darüber liegen Wandflächen, die mit bunten Bildern bemalt sind. Dann folgen Fenster und über allem wölben sich nochmals Bögen.

Ich steckte noch mitten in meiner Beobachtung, als Mama mich schon wieder aufforderte den Kreuzweg im Seitenschiff zu betrachten. Das war mir jetzt aber doch zuviel. In den letzten Minuten hatte ich so viel gesehen und so viel Neues gehört, dass mir der Kopf davon schwirrte.

„Nein, danke," presste ich zwischen meinen Zähnen hervor. Und dann marschierte ich ganz schnell weiter das Seitenschiff entlang.

6. Kapitel

Im Säulenwald

Am Ende des Seitenschiffes entdeckte ich eine Treppe, die nach unten führt. Hat der Dom auch einen Keller? Neugierig sprang ich die Stufen hinunter. Ich gelangte in eine kühle, dunkle Halle – und wohin ich auch blickte, nach links, nach rechts, nach vorn: überall stehen Steinsäulen. So viele sind es, dass ich meinte, in einem richtigen Säulenwald gelandet zu sein. Über den Säulen spannen sich viele, viele Bögen, die abwechselnd aus roten und gelben Steinen gemauert sind. Das sieht richtig gut aus.

Ich lief kreuz und quer durch die riesige Halle. Es gibt dort jede Menge Altäre. Sieben Stück. Was das wohl zu bedeuten hat?

Inzwischen waren mir meine Eltern gefolgt.

„Wir sind in einer unterirdischen Kirche, in einer Krypta", erklärte Papa.

„Diese Krypta", fügte er hinzu, „ist übrigens der älteste Teil des Doms."

„Warum gibt es denn hier sieben Altäre auf einmal?", fragte ich verwundert.

„Im Mittelalter, Marie, als der Dom gebaut wurde, lebten ungefähr 70 Priester hier. Damit sie alle ihre Messe feiern konnten, brauchten sie die vielen Altäre."

„Aha", stellte ich fest, „das ist ja 'n Ding."

„Ja, so viele Altäre und überhaupt eine so große Krypta gibt es ganz selten", sagte Papa.

Mama winkte mich zu einer der Säulen. Sie steht - wie die anderen Säulen auch - auf einer viereckigen Steinplatte. Unten, um den Fuß der Säule herum, laufen dicke Steinringe, richtige Wülste.

„Sehr stämmig, diese Säulen, nicht wahr?", meinte Mama. Als ich dieses „Nicht-Wahr" hörte, prustete ich laut los vor Lachen. Mama guckte verwirrt. Sie ahnte ja nichts von meinem „Nicht-Wahr-Pfeiler".

„Schau mal nach oben, zum Kopf der Säule, dahin, wo die Bögen aufliegen", forderte sie mich auf.

„Meinst du diesen Würfel?", fragte ich. „Ist das der Kopf der Säule?"

„Ja, genau", sagte Mama, „er heißt Kapitell. Und diese Würfelkapitelle waren in der Romanik sehr verbreitet. Sie sind ..." - „... typisch romanisch", vollendete ich ihren Satz.

Mama schmunzelte: „Kluges Kind."

„Marie, komm mit uns zur Gruft, dahin, wo die Kaisergräber sind", sagte Papa.

„Nö", entgegnete ich, „erst mal will ich hier die Säulen zählen."

„Hast du dir da nicht ein bisschen viel vorgenommen, Marie?", versuchte Mama mich zu warnen.

„Nö!" Ich hatte mir in den Kopf gesetzt die genaue Anzahl der Säulen herauszubekommen und wenn ich mir etwas in den Kopf gesetzt habe, zieh` ich das auch durch. Das wissen auch Mama und Papa. Sie gingen ohne mich los.

„Eins, zwei, drei, vier, ... fünfzehn ... dreiunddreißig ..."

Ich war gerade bei der dreiundvierzigsten Säule, als meine Eltern zurückkamen und an mir vorbei die Krypta verließen. Sie wagten nicht mich zu unterbrechen.

Endlich hatte ich alle Säulen gezählt. Es waren 70.

Ich gönnte mir keine Verschnaufpause. „Auf zur Gruft, Marie!", spornte ich mich selbst an.

Zwei Steinlöwen bewachen links und rechts den Eingang zur Gruft. Ich trat ein und blickte direkt auf eine hohe Wand vor mir. In ihrer Mitte ist das steinerne Bild eines Mannes angebracht, der auf dem Kopf eine Krone trägt. Er schaut freundlich, aber irgendwie auch sorgenvoll herab.

Ich stieg links eine Treppe hoch. Die Gruft war in ein geheimnisvolles Halbdunkel getaucht. Ich fröstelte leicht in meinem T-Shirt. „Hier ist es schon irgendwie gruselig", schoss es mir durch den Kopf. Vor mir erkannte ich zwei Reihen von Steinsärgen. Die Inschriften darauf konnte ich nicht entziffern. Zum Glück hängt ein Plan aus. Auf dem konnte ich lesen, dass die vier salischen Kaiser, drei Kaiserinnen und vier Könige in der Gruft beerdigt sind. Ich stellte mich auf die Zehenspitzen, denn ich wollte das Grab von Konrad II. in der hinteren Reihe sehen. In einem schlichten Steinsarg liegt er da, der mächtige Kaiser und Gründer des Doms. Ehrfürchtig machte ich ein Kreuzzeichen und nahm damit Abschied von den Kaisern und ihrer Gruft. Meine Schritte hallten mir dumpf in den Ohren, als ich die Krypta durchquerte. Ich fühlte mich ein wenig ängstlich. Kein Mensch außer mir war weit und breit zu sehen.

Die Gräber in der Gruft

1. Kaiser Konrad II., Gründer des Doms, † 1039
2. Kaiserin Gisela, Gemahlin Konrads II., † 1043
3. Kaiser Heinrich III., Sohn Konrads II., † 1056
4. Kaiserin Berta, Gemahlin Heinrichs IV., † 1087
5. Kaiser Heinrich IV., Sohn Heinrichs III., † 1106
6. Kaiser Heinrich V., Sohn Heinrichs IV., † 1125
7. Kaiserin Beatrix, 2. Gemahlin Friedrich Barbarossas und Tochter Agnes, † 1184
8. König Philipp von Schwaben, Sohn Friedrich Barbarossas, † 1208

9. König Rudolf von Habsburg, † 1291
10. König Adolf von Nassau, † 1298
11. König Albrecht von Österreich, Sohn Rudolfs von Habsburg, † 1308

E: Eingang der Gruft
R: Aufrecht stehende Grabplatte des Rudolf von Habsburg
M: Von hier aus schaut Marie auf die Gräber

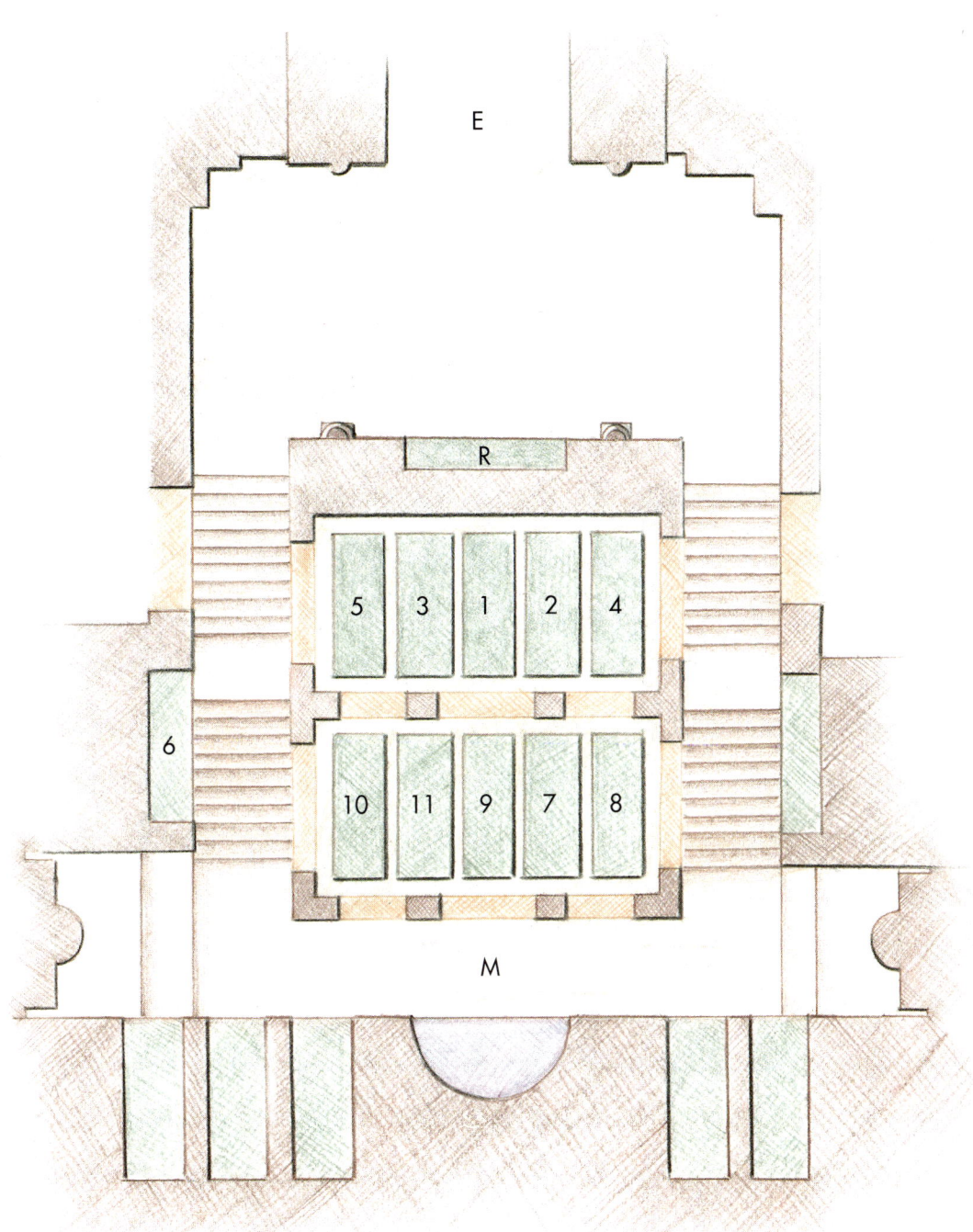

7. Kapitel

Unterwegs mit einem Domführer

Schnell stieg ich die Stufen hinauf, die mich zurück ins Seitenschiff brachten. Wohin jetzt? Links war eine Tür. Über eine Treppe kam ich nach unten in eine wunderschöne Kapelle. Ich blickte mich um. Mama und Papa saßen auf einer niedrigen Steinbank, die an den Wänden der Kapelle entlang läuft.

„Marie, wir sind hier in der Taufkapelle", sagte Mama zu mir. Richtig! Ich entdeckte sofort das Taufbecken und die Taufkerze in der Mitte des Raums. Drumherum stehen vier Säulen. Sie bilden ein Quadrat. Oben sind sie schwungvoll durch Bögen miteinander verbunden.

An den Säulen gefielen mir besonders die Kapitelle. Sie sind so phantasievoll verziert. Da sind Blätter, aus denen Blütenstengel empor wachsen. Sie rollen sich zu Kreisen und umschließen Blüten, die aussehen wie kleine Sterne. Dann kommt ein Flechtband und darüber noch ein Kranz aus verflochtenen Blättern.

„Marie, schau mal zum Fuß der Säule", flüsterte Papa mir zu. „Sie hat Zehen."

Tatsächlich. Das ist lustig! Meine Blicke wanderten wieder an der Säule hoch. Dabei entdeckte ich, dass die Decke der Kapelle zwischen den Säulen nach oben hin offen ist.

„Es befindet sich eine zweite Kapelle darüber", erklärte mir Papa. „Wir sind hier in einer Doppelkapelle."

Mama war inzwischen vor den Altar der Taufkapelle getreten. „Seht mal her, ihr beiden", forderte sie uns auf. „Die Büste an der Wand hinter dem Altar stellt eine Heilige dar. Sie heißt Edith Stein und ist im 20. Jahrhundert für ihren Glauben gestorben. Sie hat lange in Speyer gelebt, deshalb hat man zu ihrem Andenken diese Gedenkstätte eingerichtet." Eine Heilige hatte in Speyer gewohnt! Sicher war sie zum Beten auch in den Dom gegangen! Das war ja spannend.

Mama machte ein Foto von mir und Papa und dann ging es weiter, zurück ins Seitenschiff und von dort aus eine weitere Treppe hinauf.

„Wir sind hier im Querschiff des Domes", hörte ich einen älteren, grauhaarigen Mann sagen. Er war umringt von Touristen und fuchtelte mit einem Regenschirm herum. So, als wollte er die Touristen abwehren, die sich um ihn herum drängelten. Jetzt machte er eine ausladende Handbewegung von links nach rechts.

„Beachten Sie die Wände an den Stirnseiten des Querschiffs." Er winkte uns dichter an eine der Wände heran. „Ist sie nicht prachtvoll?", fragte er. „In ihrer Mitte klettert ein breiter Pfeiler hoch. Er teilt die Wand. Aber oben gehen zwei Bögen von ihm aus, die beide Hälften wieder umgreifen. Über dem Pfeiler sitzt ein Fenster. Und schließlich zieht sich über die ganze Wandbreite ein starker steinerner

Bogen. Er fasst alles zusammen." Der Führer räusperte sich und fuhr fort: „Unten durchbrechen zwei zierliche Arkaden die Mauer. Dahinter liegen Mauerkapellen. Sie sind einzigartig für die damalige Zeit."

Ich trat näher und schaute ins Innere. Die Kapellen liegen wie Höhlen in der Mauer. So tief ist sie. Ich staunte und auch eine Dame neben mir murmelte anerkennend: „Wirklich, diese Wand mit ihren Kapellen ist ein Meisterwerk."

Alle zückten ihre Fotoapparate. Ich natürlich auch. Der Domführer wartete geduldig. Dann sagte er: „Wichtig sind auch die Gewölbe über uns. Zwei Steinbögen spannen sich quer über den Raum, von Ecke zu Ecke. In der Mitte kreuzen sie sich." Mit der Spitze seines Regenschirms beschrieb der Führer die Bahn der Bögen. „Das ist ein Kreuzrippengewölbe. Es ist eines der ältesten und gleichzeitig eines der mächtigsten."

„Das ist ja irre", dachte ich, „die Dombaumeister haben echt gute Arbeit geleistet."

Je mehr ich über den Dom erfuhr, desto klarer wurde mir, was es bedeutet, dass er von Kaisern erbaut wurde. Alles war so schön und groß und einmalig! Ich ging ein wenig umher. Es gibt auch einen Altar im Querschiff mit Säulen und einem Dach. Er ist in einer Wandnische untergebracht.

„Meine Damen und Herren", forderte uns der Domführer auf, „bitte folgen Sie mir."

Um nicht den Überblick zu verlieren, kramte ich meinen Plan hervor und trabte hinterher. Ein junger Mann neben mir schrieb ständig etwas in seinen Notizblock. Ich rümpfte meine Nase: So ein Streber.

„Stopp", sagte der Domführer. „Wir sind in der Vierung angekommen. Sie ist durch vier ganz besonders breite und hohe Pfeiler in den Ecken betont. Und darüber wölbt sich die Kuppel. Unten beginnt sie als Viereck, dann geht sie allmählich in ein Achteck über."

Alle Blicke schweiften nach oben. Auch ich blieb mit meinen Augen ganz gebannt an der Vierungskuppel hängen. Meter um Meter türmte sie sich

über mir. Sie ist mit vielen Nischen geschmückt und durch ihre Fenster fallen helle Lichtstrahlen.

Unter der Kuppel steht ein Altar. „Das ist der Hauptaltar des Doms", erklärte der Führer, „das Herz dieses Gotteshauses. Denn am Altar ist Jesus Christus gegenwärtig, wenn die heilige Messe gefeiert wird." Der Domführer hielt kurz inne. Dann fragte er: „Ist Ihnen schon aufgefallen, dass alle Altäre des Doms im Osten stehen? Sie sind ausgerichtet zur aufgehenden Sonne hin, die als Sinnbild für die Auferstehung von Jesus Christus gedeutet wird."

Jetzt machte uns der Domführer aufmerksam auf eine große Krone. Sie hängt über den vielen Stufen, die vom Querschiff hinunter ins Mittelschiff führen. „Die Krone zeigt an, wo sich die Kaisergruft befindet", sagte er. „Dazu möchte ich eine Geschichte erzählen. Sie handelt von den so genannten kaiserlichen Stuhlbrüdern. Weil die Kaiser wünschten, dass täglich an ihren Gräbern gebetet werden sollte, gründete man dafür extra eine Gemeinschaft. Man nannte sie die kaiserlichen Stuhlbrüder. Vom Mittelalter bis ins 18. Jahrhundert hatten sie ihre Betstühle neben den Gräbern. Die Stuhlbrudergasse, nahe beim Dom, erinnert noch heute an diese Gemeinschaft!"

Der Domführer klatschte in die Hände: „Folgen Sie mir bitte in die Apsis."

„Oh, nein", dachte ich. Ich war müde und lehnte mich an einen der Vierungspfeiler. Von hier aus konnte ich die Gruppe weiter beobachten und mit einem Ohr der Führung lauschen: „In der Rundung der Apsis sind unten sieben Nischen, darüber hohe Blendbögen und Fenster. Die Decke ist eine Halbkugel", schnappte ich auf. Und dann durfte ich mich noch freuen. Der Streber bekam nämlich einen Rüffel. Er hatte sich in einen der geschnitzten Holzstühle im Chor gesetzt. „Bitte stehen sie auf ... forderte ihn der Domführer auf. „Hier nehmen ausschließlich Priester Platz." Er rückte etwas verärgert seine Brille zurecht und wies dabei auf einen besonders großen Stuhl. „Das hier ist der Bischofsstuhl. Wir sind, wie Sie wissen, hier in einem Dom, in einer Bischofskirche."

Dann ermunterte er seine Gruppe aufs Neue: „Kommen Sie weiter!" Ich blieb zurück. Wo waren denn meine Eltern? Ich hatte sie völlig aus den Augen verloren. Suchend schaute ich mich um.

Aus der Geschichte des Doms

Mama und Papa standen vor einer Figur der Mutter Gottes. Sie ist sehr schön und das kleine Baby Jesus auf ihrem Arm lächelt freundlich. „Die Statue gefällt dir, stimmt's Marie?", fragte Papa.

„Oh, ja." Ich nickte.

„Viele Menschen verehren Maria, die Schutzheilige des Doms", sagte Papa. „Sie kommen hierher und vertrauen Maria ihre Sorgen und Wünsche an und sie beten. Der Dom ist eine Marienwallfahrtsstätte."

Vor der Statue brannten viele Kerzen. Auch Mama und ich zündeten zwei Kerzen an. Dann packte Papa mich am Arm: „Du, Marie, ich muß dir unbedingt eine Geschichte erzählen." Er starrte ins Mittelschiff.

„Stell dir vor, wir sind hier an diesem Platz. Aber wir befinden uns im Mittelalter. Ein großer Menschenzug bewegt sich auf uns zu. An der Spitze schreitet ein König in blauem Mantel, neben ihm ein Mönch in einer schlichten Kutte. Die Menschen singen ein Lied für Maria. Alle Glocken läuten, der Dom liegt im Schein von Kerzen und Fackeln. Es duftet nach Weihrauch. Der Mönch geht geradewegs zu der Marienfigur, kniet nieder und ruft begeistert aus: ´O clemens, o pia, o dulcis virgo Maria!`"

Gerade jetzt, wo ich so mittendrin war in dem Geschehen, unterbrach Papa seine Geschichte. „Das sind lateinische Worte, Marie", erklärte er mir, „sie bedeuten: O gütige, o milde, o süße Jungfrau Maria! Und die Szene, die ich dir eben geschildert habe, steht am Beginn einer der denkwürdigsten Begebenheiten in diesem Dom. Unser Mönch, musst du wissen, ist einer der berühmtesten Männer jener Zeit. Sein Name ist Bernhard von Clairvaux. Er ist sehr fromm und die Leute hören auf das, was er sagt. Deshalb ist er auch nach Speyer gereist. Es ist das Jahr 1146. König Konrad III. hält

Reichstag. Alle Mächtigen des Reiches sind um ihn versammelt. Bernhard von Clairvaux will diese Gelegenheit nutzen und den König davon überzeugen, dass er einen Kreuzzug unternimmt."

Papa hielt kurz inne und fuhr fort: „Er hatte Erfolg. Der König machte sich tatsächlich auf zu einem Kreuzzug."

„Kreuzzüge, waren das nicht große Abenteuer für Ritter?" fragte ich Papa.

„Das waren richtige Kriege, Marie", erwiderte Papa ernst. „Die Christen damals wollten Palästina befreien, das Heilige Land. Es war nämlich mit der Stadt Jerusalem und dem Grab Christi von Moslems besetzt."

Bevor ich über Papas Worte nachgrübeln konnte, lenkte er mich rasch ab. „Da vorne, Marie, im Mittelschiff, ist in bronzener Schrift der Text in die Bodenplatten eingelegt, den Bernhard von Clairvaux hier im Dom dem Marienlied „Salve Regina" hinzugefügt hat. Ich sprang vor, fand die Schrift, marschierte das Mittelschiff entlang und buchstabierte feierlich: „O clemens, o pia, o dulcis virgo Maria."

„Kennst du noch mehr Geschichten über den Dom?", wollte ich wissen, als ich wieder bei meinen Eltern ankam.

„Oh, ja", erwiderte Papa. „Der Dom hat eine lange Vergangenheit. Und sie war voller Gefahren. Einer der schwärzesten Tage für den Dom ist der 31. Mai 1689. Der französische König Ludwig XIV. führt Krieg, um die Pfalz zu erobern. Er läßt viele Dörfer und Städte niederbrennen. Auch Speyer soll auf seinen Befehl hin in Schutt und Asche sinken. Mit Pechkränzen und armdicken Brandwürsten legen Soldaten das Feuer. Die Stadt mit ihren vielen Türmen brennt lichterloh. Ein Gewittersturm treibt die Flammen zum Dom. Die Kuppeln werden erfasst, die Seitenschiffe, schließlich das Dach. Der Dom ist ein einziges Feuermeer. In Folge des Brandes stürzen große Teile des Längsschiffes ein. Die Kaisergräber in den Trümmern sind aufgebrochen und durchwühlt."

„Das war ja schrecklich!", rief ich erschüttert und fragte: „Was geschah dann?"

„Der Dom bleibt jahrzehntelang eine Ruine. Ende des 18. Jahrhunderts wird er nach und nach wieder aufgebaut. Neunzig Jahre nach seiner Zerstörung ist dieses Werk vollbracht und der Dom wirkt jetzt geradezu exotisch. Er hat über seinem Haupteingang eine riesige Kuppel, runde Türme und an den Ecken der Eingangsseite stehen gewaltige Pfeiler, die aussehen wie steile Pyramiden."

„Wo sind sie denn, die Pyramiden? Ich habe sie gar nicht bemerkt!", sagte ich überrascht.

„Kannst du auch nicht, denn sie sind schon lange wieder verschwunden. Aber das ist eine neue Geschichte. Willst du sie hören?"

„Was für eine Frage, Papa. Na klar!"

„Es ist die Zeit der französischen Revolution und wieder herrscht Krieg. Im Jahre 1794 fallen die Revolutionstruppen in Speyer ein. Der Dom wird verwüstet. Seine Heiligenbilder werden heruntergerissen, die Altäre zerschmettert und Glocken zerschlagen, die gesamte Einrichtung verbrannt. Schließlich will man ihn sogar in die Luft sprengen. Erst 1806 gerät der Dom wieder außer Gefahr. Der französische Kaiser Napoleon persönlich befiehlt ihn zu erhalten."

„Was für ein Glück", atmete ich auf.

Papa lachte: „ Jetzt geht es erst Mal ans Aufräumen. Das ist im Jahre 1818. Der Dom muss gründlich renoviert werden. Später malt man ihn vollständig mit farbenprächtigen Bildern aus."

Papa deutete hoch zur Wand des Mittelschiffs. „Guck mal, Marie, einige davon sind noch vorhanden. Sie zeigen Szenen aus dem Leben Marias."

„Aber die Pyramiden", erinnerte ich Papa, „was ist mit ihnen geschehen?"

„Ja", sagte Papa und kräuselte dabei seine Nase. „Die gefallen den Leuten nicht mehr. Man reißt sie ab und gestaltet die Eingangsseite des Doms neu. Dabei hält man sich wieder eng an die ursprüngliche romanische Bauweise. Seit 1858 sieht sie so aus

wie heute, mit dem achteckigen starken Mittelturm und den beiden schlankeren Seitentürmen."

Soviel hatte der Dom also erlebt! Papas Erzählung machte mich nachdenklich. Ich schaute hoch zu der Marienfigur. Sie lächelte und es war so, als wollte sie mir sagen: „Marie, ich habe diesen Dom immer beschützt."

Ich hängte mich in Papas Arm. „Wollen wir ein Eis essen gehen, Marie?", fragte er.

„Das ist eine gute Idee", freute ich mich.

9. Kapitel

Marie macht eine Zeitreise

Ich spazierte mit meinen Eltern durch den Dompark zu einem Lokal am Rhein. Wir blieben im Freien und beobachteten die Schiffe. Mit einem Schiff war ich gestern in Speyer angekommen. Aber wie viel hatte ich inzwischen erlebt! Noch immer beschäftigte mich mein Gespräch mit dem steinernen Kaiser und dem Pfeiler.

„Papa, was glaubst du, können Steine reden?", fragte ich.

„Oh, ja", erwiderte Papa ohne zu zögern. „Steine erzählen viel über die Vergangenheit. Nimm zum Beispiel die Steine des Doms. Wissenschaftler haben sie genau untersucht und aufgeschrieben, wie groß, aus welchem Material, aus welchen Steinbrüchen sie sind und mit welchen Werkzeugen sie bearbeitet wurden."

Er schaute mich an: „Es gibt ganz dicke Bücher darüber, Marie. Denn die Steine des Doms sind die wichtigsten Zeugen für seine Baugeschichte. Vor tausend Jahren, als man anfing den Dom zu bauen, konnten nur sehr wenige Leute lesen und schreiben. Fotoapparate gab es natürlich auch noch nicht. Es gibt kaum Mitteilungen darüber, wann welche Teile des Doms gebaut wurden. Was man darüber weiß, haben die Wissenschaftler an den Steinen abgelesen."

Papas Bericht fand ich sehr interessant. Ich lehnte mich zurück und blinzelte in die Sonne.

Dann beschloss ich zum Dom zurückzukehren.

„Wir treffen uns beim Dom", vereinbarte ich mit meinen Eltern. Ich kaufte mir eine Cola und setzte mich auf eine der Bänke im Schatten des Doms.

Wie das wohl ausgesehen hatte, als hier noch gebaut wurde? Ich kniff meine Augen zusammen und meine Einbildungskraft funktionierte wie eine Zeitmaschine. Sie brachte mich im Nu fast tausend Jahre zurück. Ich stand mitten auf der Baustelle des Domes. Es war ein strahlender Sommertag. Die Luft war staubig und heiß. Die Bauarbeiter schwitzten über ihrer Arbeit. Einer bemerkte mich und trat auf mich zu.

„Ich bin Giorgio", stellte er sich vor.

„Ich heiße Marie", entgegnete ich.

Giorgio war, wie sein Name schon sagt, Italiener. Er sagte mir, dass er mit einem Trupp weiterer Arbeiter aus der Lombardei, der Gegend um Mailand, hierher gewandert war. „Heinrich IV. braucht uns für sein großes Werk", vertraute er mir an. „Wir sind bekannt für unsere Steinmetzarbeiten." Giorgios schwarze Augen funkelten. Jetzt schlug er einen Stein mit Hammer und Meißel gerade.

„Das ist ja super. Es sieht so einfach aus", rief ich bewundernd.

Giorgio wehrte mein Lob ab und winkte mir ihm zu folgen. „Ich will dir zeigen, was mein Bruder Luca kann!"

Luca stand auf einem Gerüst und meißelte Verzierungen an einem Fenster. Wie hoch das war. Mir wurde beim Hinaufklettern richtig schwindelig. Luca war so sehr in seine Arbeit vertieft, dass wir nicht wagten, ihn zu stören. Endlich machte er eine Pause, um sich den feinen Staub aus den Augen zu wischen, der beim Meißeln aus dem Sandstein empor wirbelte.

„Du bist Bildhauer?", staunte ich.

„Na ja, Steinmetz, Bildhauer, wie du willst", antwortete Luca. „Wenn du dir den Dom anschaust, wirst du viele Arbeiten von mir und meinen Kollegen entdecken. Wir haben auch Kapitelle gemeißelt und Bildtafeln aus Stein."

Luca trocknete den Schweiß auf seiner Stirn. „Wir haben unser ganzes Können und all un-

sere Ideen aufgeboten", versicherte er mir. „Wir wissen nämlich", fügte er freundlich hinzu, „unsere Kunst an diesem Dom wird in die Geschichte eingehen."

In die Geschichte eingehen? überlegte ich. Was meinte er damit? Dann dämmerte es mir: Na klar, diese Steinmetzarbeiten würden berühmt werden.

Mit Giorgio schlenderte ich noch eine Zeitlang über die Baustelle. Dabei konnte ich vielen Bauarbeitern über die Schulter schauen. Ich beobachtete Maurer, Zimmerleute, Dachdecker, Schmiede, Mörtelmischer, ja sogar Glasbläser bei ihrer Tätigkeit.

„Die Arbeiter sind aus allen Himmelsrichtungen zusammengekommen", erklärte mir Giorgio. „Von der Nordsee, aus Frankreich und ich selbst stamme, wie du weißt, aus Italien."

„Mensch, Giorgio, das ist ja richtig multikulti!", rief ich aus.

„Claro", sagte Giorgio. "Heutzutage sind viele Handwerker unterwegs, von Land zu Land, von Stadt zu Stadt, von Baustelle zu Baustelle."

Ich schwärmte: „Oh, Giorgio, wenn ich zu deiner Zeit gelebt hätte, bestimmt wäre auch ich nach Speyer gezogen um an der größten Kirche des Abendlandes mitzubauen."

Giorgio lachte.

„Marie, komm` mit zum Rhein, ich will dir etwas zeigen, was dich bestimmt interessiert."

Am Rhein lag ein Schiff vor Anker. Es hatte große Steinblöcke geladen. Sie wurden mit einer Winde hochgezogen und auf ein Ochsenfuhrwerk verfrachtet, das sie zum Dom brachte. „Viele Steine aus dem Odenwald und aus der Eifel werden über den Rhein verschifft", erklärte mir Giorgio. „Aber die meisten Steine sind aus dem nahegelegenen Haardtgebirge. Sie werden mit Flößen auf dem Speyerbach befördert. Und es gibt noch zusätzlich einen Kanal für diese Transporte."

Ich setzte mich mit Giorgio ans Hafenbecken und ließ meine Beine über den Beckenrand baumeln. Dabei schaute ich den Arbeitern zu: Stein um Stein wurde mit der Winde aus dem Schiff gehoben und auf eines der Fuhrwerke geladen, die ständig unterwegs zum Dom waren. Ich beneidete die Arbeiter wahrhaftig nicht. Das war schwere Arbeit und die Sonne brannte unbarmherzig vom Himmel.

Auch Giorgio musste wieder zurück zur Baustelle. „Ciao, Marie!", verabschiedete er sich von mir und schwang sich auf eines der Fuhrwerke Richtung Dom. Ich schaute ihm lange nach. Seine Gestalt wurde kleiner und kleiner. Dann blickte ich auf. Ich saß wieder auf meiner Bank im Dompark. Meine Zeitreise war beendet.

10. Kapitel

Einmal um den Dom herum

Ich schlenderte zum Dompavillon, wo es Andenken zu kaufen gibt und viele Ansichtskarten vom Dom. Einige, die mir gut gefielen, zog ich aus dem Kartenständer heraus. Auf einer Karte las ich, dass der Dom 134 Meter lang ist. Das wollte ich überprü-fen. Ich rannte zur Eingangsseite und begann von dort aus, den Dom der Länge nach abzuschreiten. Ich machte besonders große Schritte um nachzumessen. Mir fiel auf, dass die Domwand unten aus kleinen und oben aus großen Steinen gemauert ist.

Ich kam zu der Stelle, wo Längsschiff und Querschiff zusammenstoßen. Der Anbau da, in dem Winkel zwischen beiden, musste die Doppelkapelle sein.

Jetzt stand ich genau unter den hohen Fenstern des Querschiffs. Die oberen Fenster sind verziert. Ich zoomte mir die Verzierungen mit meinem Fotoapparat ganz dicht heran. Da sind Blumen und Blätter, kunstvolle Flechtbänder, ja, sogar Tiere: Vögel und ein Hase, der von einem Hund gejagt wird. Natürlich dachte bei diesen Steinmetzarbeiten an Giorgio und seinen Bruder Luca.

Dann entdeckte ich Mama. Mit Block und Bleistift hatte sie es sich auf dem Rasen bequem gemacht. Aufmerksam betrachtete sie die Rückwand des Domes. „Marie", sagte sie zu mir, „die Ostseite des Doms ist so wunderschön, dass sie immer wieder gemalt wird. Ich will das auch versuchen." Ich blickte auf Mamas Block und sie erklärte mir ihr Bild. „Hier habe ich schon die halbrunde Apsis gezeichnet, den Giebel, die Vierungskuppel, die Türme und das Querschiff."

„Toll", sagte ich. Und wirklich, ich bewunderte Mama und ihre Zeichenkünste. Wie sicher sie ihre Striche setzte. „Schau, jetzt füge ich Arkaden in die Türme ein, die Blendarkaden vor der Apsis und am Giebel einen Zierstreifen aus lauter Rundbögen."

Mama legte ihren Stift aus der Hand. Sie erhob sich und klopfte Gras von ihrer Hose.

„Marie", fragte sie, „siehst du da oben, direkt unter der Dachkante der Apsis, die Säulen und Bögen? Hinter ihnen liegt ein langer, schmaler Gang, eine Galerie. Diese Galerie mit den kleinen Säulen schmückt den Dom ringsum. Sie heißt Zwerggalerie. Wirkt sie nicht wie eine schön gearbeitete Krone für den Dom?"

Jetzt holte Mama mich vor die mittlere Säule der Apsis. Hier ist ein schönes Steinbild angebracht.

„Guck mal, Marie, hier spielen Kinder mit Löwen und Schlangen unter Palmen. So kann man sich das Paradies vorstellen. Die Menschen und die Natur leben friedlich beisammen."

„Davon hab` ich auch schon geträumt", vertraute ich Mama an. Aber dann setzte ich meinen Rundgang um den Dom herum fort.

11. Kapitel

In der Afrakapelle

Da vorn, war das nicht der Domführer? Er erzählte ganz eifrig und stocherte dabei mit der Spitze seines Regenschirms im sandigen Boden. Plötzlich stach er den Schirm hoch hinauf in die Luft. „Meine Damen und Herren, folgen Sie mir bitte…" Ob auch ich mitkommen sollte? Ich zögerte ein wenig und da war die Gruppe auch schon verschwunden. Wohin wohl? Ich rannte los.

Sicherlich waren sie in dem kleinen Anbau. Ich zog die Tür auf. Wieder betrat ich einen dieser Räume, die in ein sanftes Dämmerlicht gehüllt sind. „Das ist die Afrakapelle", hörte ich die Stimme des Domführers, „sie ist, wie der Name schon sagt, der heiligen Afra geweiht." Dann fügte er in gewichtigem Ton hinzu: „Seit dem Mittelalter besitzt die Kapelle sogar ein Zehenknöchelchen der Heiligen."

Das Zehenknöchelchen einer Heiligen? Seltsam. Ich spürte, dass ich gleich loskichern würde und presste die Hand vor den Mund um mein Kichern zu unterdrücken.

„Da gibt es gar nichts zu lachen", wies mich eine Dame zurecht, „dieses Zehenknöchelchen ist eine kostbare Reliquie."

„Eine Reliquie?", wiederholte ich erstaunt. „Entschuldigen Sie bitte, aber davon habe ich noch nie gehört."

Jetzt schaltete sich der Domführer ein. Ich spitzte meine Ohren: „Reliquien sind leibliche Überreste von Heiligen. Es können aber auch Gegenstände sein, die heiligen Personen gehörten. Im Mittelalter waren Reliquien sehr begehrt. Je mehr eine Kirche davon hatte, desto berühmter war sie. Eine Reliquie war schwer zu bekommen und kostete oft viel Geld."

Der Führer machte eine Pause und holte tief Luft. Dabei breitete sich ein stolzes Lächeln auf seinem Gesicht aus. „Unser Dom kam natürlich in den Besitz ganz außergewöhnlicher Reliquien. Dafür sorgten seine mächtigen Bauherrn, die Kaiser. Die bedeutendste Reliquie ist das Haupt des heiligen Papstes Stephanus. Ja, und zur Regierungszeit von Kaiser Heinrich IV. fand man in der Stadt Augsburg den Sarg mit dem Körper der heiligen Afra. Das war sensationell und der Kaiser setzte alles daran, seinem Dom eine Reliquie der Heiligen zu verschaffen. Die Bitte eines Kaisers konnte man kaum abschlagen. Aber man erfüllte sie ungern. Schließlich überließ man dem Kaiser ein Glied der rechten großen Zehe."

„Wie sonderbar die Menschen im Mittelalter waren", sagte ein junger Mann.

„Ja, gewiss, die Leute damals hatten ihre eigenen Ideen", stimmte ihm der Domführer zu, bevor er

uns aufforderte: „Bitte schauen Sie sich doch mal die Säulen beim Eingang der Kapelle an! Sie sind sehr originell. In ihre Kapitelle sind Affen eingemeißelt."

Natürlich suchte ich sofort nach diesen Säulen. Richtig drollig wirken ihre Affen. Der da hinten in der Ecke, isst er nicht sogar eine Banane?

Ich wollte ein Bild von den Affen haben und packte meinen Fotoapparat aus. Dabei hätte ich fast eine interessante Geschichte überhört. „Man hat hier einen kostbaren Schatz gefunden", schnappte ich gerade noch auf.

Wo denn? Wie denn? Das ist ja spannend. Ich drängelte wieder zu der Gruppe.

„Vor einigen Jahren entdeckte man unter einer Bodenplatte beim Altar eine alte Holzkiste mit Reliquien. Auch ein Pergamentblatt lag darin, aufgerollt auf einen fingerdicken, runden Holzstab. Das purpurrote Blatt war mit silbernen und goldenen Schriftzeichen bedeckt."

„Wie abenteuerlich! Ganz sicher war das ein Schatzplan!", kombinierte ich blitzschnell. Ich war sehr enttäuscht, als unser Domführer weiter sprach: „Ein Wissenschaftler entzifferte diesen Text: Es war das letzte Blatt der so genannten Ulfilas-Bibel, die um das Jahr 500 geschrieben wurde. Selbstverständlich ist es von unschätzbarem Wert."

Das war er also, der Schatz. Gewiss nicht das, was ich mir darunter vorgestellt hatte, aber immerhin!

Schon wollte ich die Kapelle zusammen mit der Gruppe wieder verlassen, als mich ein „Pst, Marie" zurückhielt. Ich blickte mich suchend um. Mama

kniete in einer Bank. Sie deutete auf ein rotes Licht an der Wand neben dem Altar. „Es ist das Ewige Licht", flüsterte sie mir zu, „es zeigt, dass in dieser Kapelle das heilige Brot aus der Messfeier aufbewahrt wird." Dann wurde Mama still. Sie betete. Und das tat ich jetzt auch.

12. Kapitel

Marie nimmt Abschied vom Dom

Von der Afrakapelle aus lief ich mit Mama zum Haupteingang des Doms. Wir gingen nochmals in die Vorhalle und betrachteten uns dort die vielen steinernen Figuren und die Steinbilder an den Wänden. „Das sind die Kaiser und Könige, die im Dom begraben sind", erklärte mir Mama. Ich schaute mich genauer um. Plötzlich hörte ich hinter meinem Rücken ein leises Klopfen. Das Klopfen wurde lauter. Ich drehte mich um. Mein Blick blieb an einem Steinriesen hängen, der in einer Nische stand. Er hielt ein Schwert in der Hand und pochte damit auf seinen Sockel auf. Ich sah in sein Gesicht. Der Steinriese zwinkerte mir zu. Und da erkannte ich ihn. Natürlich. Er war es: Kaiser Konrad II., der Gründer des Doms.

„Auf Wiedersehen, Marie", flüsterte er kaum hörbar.

„Auf Wiedersehen, Kaiser", flüsterte ich zurück.

Ich war noch ganz benommen, als Mama mich an der Hand nahm und mich wieder ins Freie zog.

Zusammen schauten wir uns die Vorderseite des Doms an. Sie ist aus dunklen und hellen Steinen errichtet. Viele der Steine haben ein interessantes Muster. Wie sie jetzt in der Sonne leuchteten, das gefiel mir.

Inzwischen war auch der Domführer mit seiner Gruppe zu uns gestoßen.

„Wenden Sie sich bitte jetzt der Schauseite des Doms, seiner Fassade, zu", forderte er uns auf. „Unten sind drei Rundbogentore. Über dem mittleren Tor befinden sich Nischen mit Statuen der Schutzheiligen des Doms. Maria mit dem Jesuskind thront an der höchsten Stelle."

Mein Blick wanderte an der Fassade hoch. Die Heiligen wirkten so sanft und gelassen. Über ihnen bemerkte ich ein sehr großes, rundes Fenster. Wie ein Rad hat es viele Speichen. Und in seiner Mitte ist der Kopf von Jesus Christus dargestellt.

„Dieses Fenster bedeutet, dass in Jesus alles seinen Ursprung hat: das Leben, der Glauben, die Zeit und die Ewigkeit", erklärte der Domführer. Er wies uns noch auf den achteckigen Glockenturm hin und bat uns dann nach rechts vor die Domfassade, wo eine Bronzetafel angebracht ist. Stolz hob er hervor: „Sie erinnert an den Besuch von Papst Johannes Paul II. in diesem Dom im Jahr 1987. Mit Zehntausenden von Menschen hat er auf dem Domvorplatz eine heilige Messe gefeiert."

Jetzt machte der Domführer eine leichte Verbeugung. „Meine Damen und Herren, wir sind am Ende unserer Dombesichtigung angelangt", sagte er. Die Leute klatschten und einige schüttelten ihm die Hand um sich zu bedanken.

Mir war das zuviel Trubel. Ich trat ein paar

Schritte zurück. Dabei bin ich gestolpert. Aua, das tat vielleicht weh! Ich rieb mir den Knöchel und drehte mich um. Ich hatte mich an dem Sockel einer großen steinernen Schüssel gestoßen.

Da kam Mama schon angerannt um mich zu trösten.

„Was soll denn diese Schüssel hier?", fragte ich sie ärgerlich, denn mein Fuß tat ziemlich weh.

„Oh, Marie, das ist der berühmte Speyerer Domnapf. Er markiert die Grenze zwischen dem Herrschaftsbereich des Bischofs und der Stadt. Wenn sich

früher ein Verbrecher zum Domnapf flüchten konnte, war er geschützt vor dem Zugriff der Polizei. Und wenn ein neuer Bischof in die Stadt einzieht, füllt er den Napf mit Wein und alle dürfen daraus trinken."

„Das müsste doch einen tollen Schnappschuss abgeben, wenn ich mich hier in die Schüssel direkt vor den Dom stelle", sagte ich zu Mama. Ich kletterte hinein. Mama half etwas mit. Dann drückte sie auf den Auslöser. Ja, und so entstand dieses Abschiedsfoto: Marie vor dem Kaiserdom.

Das Historische Museum

Wer vom Haupteingang des Doms nach links blickt, entdeckt einen großen roten Sandsteinbau schräg gegenüber. Das ist das Historische Museum der Pfalz. Dort befindet sich die Domschatzkammer mit wertvollen Ausstellungsstücken. Dazu gehören in erster Linie die Funde aus den Kaisergräbern des Doms.

Im Jahr 1900 haben Wissenschaftler die Gräber der Kaiser und Könige im Dom geöffnet. Dabei fanden sie unter anderem die Grabkronen von Konrad II., Heinrich III. und Heinrich IV. Außergewöhnlich sind auch ein Ring, ein Brustkreuz, die Kronhaube und ein Reliquienkreuz mit zwei Holzsplittern vom Kreuz Christi aus dem Grab Heinrichs IV. All das liegt aus in den Glasvitrinen der Domschatzkammer. Bemerkenswert für alle, die den Dom besuchen, sind zwei Reliquien: Schädelteile des heiligen Anastasius und des heiligen Papstes Stephan. Heinrich III. hatte sie dem Dom geschenkt.

Beachtung verdienen auch drei große Wandgemälde. Sie gehörten zur Ausmalung des Doms im 19. Jahrhundert. Sie erzählen vom Besuch des heiligen Bernhard von Clairvaux in Speyer: von seiner Ankunft, seiner Kreuzzugspredigt im Dom und von seinem Gebet vor dem Marienaltar.

Stichworte zur Geschichte des Doms

Afra ist eine Heilige, die um das Jahr 300 in Augsburg lebte. Sie wurde die Schutzheilige dieser Stadt.

Bernhard von Clairvaux (1090-1153) ist ein Heiliger, der rund 70 Klöster gründete. Er war der erste Abt des Klosters Clairvaux-sur-Aube. Dort starb er 1153. Als Gelehrter und Prediger war er sehr einflussreich. Im Jahre 1146 konnte er Konrad III. auf dem Reichstag zu Speyer für die Teilnahme am zweiten Kreuzzug gewinnen.

Blatt aus der Ulfilas-Bibel, gefunden in der Afrakapelle: Das Blatt stammt aus dem „Codex argenteus" (lateinisch: silbernes Buch). Dieser Codex ist eine Evangelienhandschrift des 6. Jahrhunderts, die in silbernen und goldenen Buchstaben auf purpurrotem Pergament geschrieben ist. Der „Codex argenteus" entstand in Oberitalien. Er enthält Teile der Bibelübersetzung des westgotischen Bischofs Ulfila. Heute wird die Handschrift in Uppsala (Schweden) aufbewahrt.

Goldene Evangelienschrift: Der berühmte Echternacher „Codex aureus" (lateinisch: goldenes Buch) aus dem 10. Jahrhundert gehörte lange zum Speyrer Domschatz. Heute befindet er sich in Madrid.

Dom: Ein Dom ist eine Kirche, die fast immer als Bischofskirche errichtet wurde oder wenigstens zeitweise eine Bischofskirche war.

Grabplatte des Rudolf von Habsburg: Rudolf I. war ein bedeutender deutscher König, der von 1273 bis 1291 regierte. Er starb in Speyer und wurde im Dom beigesetzt. Seine Grabplatte ist ein berühmtes Kunstwerk, weil das Gesicht der Steinfigur so ausgearbeitet wurde, dass es persönliche Züge besitzt. Damals war das ganz neuartig.

Investiturstreit: Bis ins Hochmittelalter hatten die Könige das Recht, Bischöfe einzusetzen (Investiturrecht). Das wollte Papst Gregor VII. nicht länger hinnehmen. Es kam zum Investiturstreit. Er hatte seinen Höhepunkt in den Auseinandersetzungen zwischen Papst Gregor VII. und Heinrich IV. Im Jahr 1077 musste Heinrich nach Canossa gehen, um sich dort dem Papst zu unterwerfen. Endgültig beendet wurde der Investiturstreit erst 1122 unter Heinrich V. durch das Wormser Konkordat.

Kreuzzüge: Palästina wurde 1070 von den türkischen Seldschuken besetzt. Papst Urban II. rief 1095 auf zur Befreiung des Heiligen Landes mit Jerusalem und dem Grab Christi. Bis zum Jahre 1270 fanden sieben Kreuzzüge statt, die nur zeitweise erfolgreich waren.

Reliquien sind Körperstücke von Heiligen. Eine Reliquie kann im weiteren Sinne auch ein Gegenstand sein, der vom Heiligen zu dessen Lebzeiten gebraucht worden ist, ebenso wie ein Ding, das mit seinem Leichnam oder seinem Grab in Berührung gebracht worden ist.

„Weltkulturerbe": Bis Ende des Jahres 1998 hat die UNESCO 582 Kultur- oder Naturdenkmäler unter ihren Schutz gestellt. Zu den Stätten des „Kulturerbes" zählt auch der Kaiserdom in Speyer.

Was geschah wann?

Vermutlich 1025 beginnt der Bau des Doms mit der Krypta; einer Legende nach soll Kaiser Konrad II. im Jahre 1030 den Grundstein zum Dom gelegt haben.

1039 stirbt Kaiser Konrad II. und wird in der Baustelle des Doms beerdigt.

1056 stirbt Kaiser Heinrich III. und wird im Dom beigesetzt.

1061 empfängt der Dom die erste Weihe.

Von 1082 bis 1102 läßt Kaiser Heinrich IV. den Dom umbauen.

1106 stirbt Kaiser Heinrich IV. und wird zunächst in der Afrakapelle beigesetzt.

1125 stirbt Kaiser Heinrich V. und wird im Dom beerdigt.

1146 ruft Bernhard von Clairvaux im Dom zum Kreuzzug auf.

1689 wird der Dom zerstört durch Brandlegung französischer Soldaten im Auftrag von Ludwig XIV.; fast hundert Jahre dauert es, bis der Dom wieder aufgebaut ist.

1794 wird der Dom durch französische Revolutionstruppen verwüstet.

1818 beginnt die Wiederherstellung des Doms durch König Max I. von Bayern.

1846 beginnt der Künstler Johann Schraudolph den Dom auszumalen.

1858 ist das Westwerk neu erstellt, so wie es heute aussieht.

1900 werden die Kaisergräber geöffnet. In den Jahren danach wird die Gruft gebaut.

Von 1957 bis 1971 wird der Dom renoviert.

1971 wird die Afrakapelle renoviert; dabei wird ein Blatt der Ulfilas-Bibel gefunden.

1981 wird der Dom von der UNESCO in die Liste des Weltkulturerbes aufgenommen.

1987 besucht Papst Johannes Paul II. den Dom.

1996 beginnen neue Renovierungsarbeiten am Dom.

Stichworte zur Architektur

Apsis: halbrunde oder vieleckig gebrochene Nische, von einer Halbkugel überwölbt, in der Abschlusswand des Längsschiffes oder der Seitenschiffe einer Kirche

Arkade: auf Säulen oder Pfeilern ruhender Bogen

Basilika: mehrschiffige Kirche, ihr Längsschiff gliedert sich in ein hohes Mittelschiff und zwei oder mehrere niedrigere Seitenschiffe

Blendarkaden: Arkaden, die keine offenen Durchgänge besitzen, sondern einer Wand vorgelegt (vorgeblendet) sind

Blendbogen: Bogen ohne Durchgang, einer Wand vorgelegt

Chor: für den Chorgesang der Priester bestimmter Teil einer Kirche

Fassade: Schauseite eines Bauwerks

Galerie: langer, gedeckter Gang, der auf einer Seite offen ist

Gebundenes System: Grundrisseinteilung romanischer Kirchen, der als Einheitsmaß das Quadrat zugrunde liegt; einem Quadrat des Mittelschiffs entsprechen je zwei Seitenschiffquadrate

Gurtbogen: verbindet zwei gegenüberliegende Wandpfeiler über einen Raum hinweg, untergliedert die Gewölbe in Joche

Joch: von einem Gewölbe überspannter Raumabschnitt, durch Gurtbögen begrenzt

Kapitell: Kopf der Säule oder des Pfeilers

Krypta: unterirdische Grabkapelle, meist unter dem Chor

Portal: durch Schmuck besonders betonte Tür oder Tor

Würfelkapitell: Kapitell in Würfelform mit abgerundeten unteren Kanten

Zwerggalerie: kleinsäulige Ziergalerie als Schmuck unterhalb der Dachgesime romanischer Kirchen

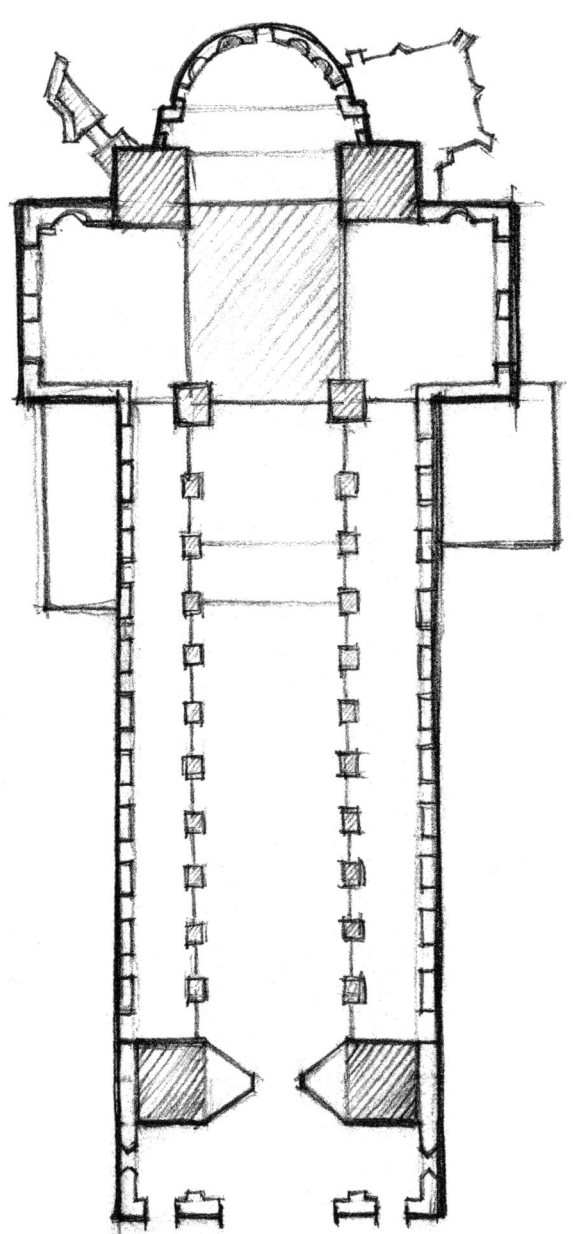